www.ingramcontent.com/pod-product-compliance
Lightning Source LLC
Chambersburg PA
CBHW042037100526
44587CB00030B/4468
* 9 7 8 1 6 3 6 5 7 1 3 7 9 *